सबूत

(कविता-संग्रह)

सबूत

अरुण कमल

वाणी प्रकाशन

वाणी प्रकाशन

4695, 21-ए, दरियागंज, नयी दिल्ली 110 002

फ़ोन : +91 11 23273167 फ़ैक्स : +91 11 23275710

शाखाएँ

अशोक राजपथ, पटना 800 004, बिहार

कॉफ़ी हाउस कैम्पस, महात्मा गांधी मार्ग, इलाहाबाद 211 001, उत्तर प्रदेश

महात्मा गांधी अन्तरराष्ट्रीय हिन्दी विश्वविद्यालय, वर्धा 442 001, महाराष्ट्र

सुल्तानिया रोड, मोतिया पार्क, भोपाल 462 001, मध्य प्रदेश

www.vaniprakashan.com
marketing@vaniprakashan.in
sales@vaniprakashan.in

SABOOT
by Arun Kamal

ISBN : 978-93-5229-536-4
Collection of Poems

संस्करण 1989, 1999
तृतीय संस्करण 2021

मूल्य : ₹ 199

एशियन ऑफ़सेट प्रेस, दिल्ली-110 093 में मुद्रित

वाणी प्रकाशन का लोगो मक़बूल फ़िदा हुसेन की कूची से

कवि श्री केदारनाथ सिंह को

अनुक्रम

विनयपत्रिका दीन की बापु आप ही बाँचो
हिय हेरि तुलसि लिखी सो सुभाय सही करी
बहुरि पूँछिए पाँचों

–तुलसीदास

निशान

फिर शायद कभी कुछ न सोचूँ
काम में इतना बझ जाऊँगा
कि कभी याद भी शायद न आये

पर निशान तो रह ही जाएगा
जैसे पपीते के पूरे शरीर पर
                    खाँच

हर पत्ते के टूटने की—
हर कदम की मोच

वैसे ही केवल निशान

जीवधारा

खूब बरसा है पानी
जीवन रस में डूब गयी है धरती
अभी भी बादल छोप रहे हैं
अमावस्या का हाथ बँटाते

बज रही है धरती
हजारों तारों वाले वाद्य-सी बज रही है धरती
चारों ओर पता नहीं कितने जीव-जन्तु
बोल रहे हैं हजारों आवाजों में
कभी मद्धिम कभी मंद्र कभी शान्त

कभी-कभी बथान में गौएँ करवट बदलती हैं
बैल जोर से छोड़ते हैं साँस
अचानक दीवार पर मलकी टॉर्च की रोशनी
कोई निकला है शायद खेत घूमने

धरती बहुत सन्तुष्ट बहुत निश्चिन्त है आज
दूध भरे थन की तरह भारी और गर्म

जेल में याद

बहुत याद आ रही है
बहुत सारे लोग बहुत सारी चीजें कई बातें
कड़ी धूप की तरह आँख पर गड़ रही हैं आज
पता नहीं क्यों
पता नहीं क्यों मुझे ऐसे लोग याद आ रहे हैं
जिनसे कभी कोई खास वास्ता भी नहीं रहा
और कुछ ऐसी बातें
जिनके बारे में मैंने कभी सोचा तक नहीं
गहरे कुएँ का जल अचानक
हिल रहा है
घने अन्धकार में चमक रहा है जल
आज पता नहीं क्यों

मुझे बार-बार अपने बच्चे की याद आ रही है
बार-बार घूम जा रहा है उसी का चेहरा
जैसे कि मैं कोई
आईना होऊँ
और वह बिल्कुल नाक सटाए ताक रहा हो मुझमें
दूर बहुत गहरे पेंदी तक उतरा हो मुझमें
आँख पर रखता आँख
और मैं उसे छू नहीं पाऊँगा
तप्त खपड़ी में फूटते चने-सा तड़पता रह जाऊँगा
आज मैं सो नहीं पाऊँगा

जेल का गिलास

मुझको जो गिलास मिला है
अल्मुनियम का पिचका गन्दा गिलास
उस पर एक नाम खुदा है—रामरतन
सफाई मजदूर संथाल परगना

आज जिस गिलास में मैं पानी पी रहा हूँ
उसी में पिया था पानी इस मजदूर ने
दफादार चौकीदार ने
बिजली मजदूर स्कूल शिक्षक छात्र नौजवानों ने

एक ही नदी से पिया है जल सब ने
एक ही रास्ते चले सारे पाँव
जिसने भी रक्खा इस रास्ते पर पाँव
सागर से जा मिला

जेल का अमरूद

बहुत दिनों से टिका कर रक्खा था
बैरक के पीछे झुलसे हुए पेड़ पर
एक अमरूद

पहले दिन जब अचानक उधर से गुजरते
सिहुली लगी डालों पत्तों के बीच
पड़ी थी नजर
तो अभी-अभी फूल से उठा ही था फल
हरा कचूर

रोज देख आता था एक बार
किसी से बिना बताए चुपचाप किसी न किसी बहाने
और आखिर जब रहा नहीं गया आज
तो
तोड़ ही लाया हूँ

बस एक काट काटा अमरूद
कि भर गया रस से सारा शरीर
भींग गयी हड्डी तक

मुझसे इतना भय था

एक दिन बैरक के पीछे टहलते-टहलते
देखा अचानक
सेल की छत पर बैठा लंगूरों का पूरा परिवार
एक बच्चा लंगूर
ठिठक गया
बहुत दिन बाद आज देखा था नया चेहरा
जमाना हो गया था कुत्ता देखे बिल्ली देखे
जमाना हो गया बच्चा देखे

सो ठिठक गया पेड़ के पास
देखता रहा सेल की छत पर
बिखरा हुआ लंगूरों का पूरा परिवार
एक बच्चा लंगूर

सुबह-सुबह की धूप तापते

जैसे ही लंगूरों ने देखा मुझको
सारा घर परिवार समेटा और भागे पूरब
भागे

छाती से बच्चा चिपकाये
छलाँगती भागी लंगूर माँ
मुड़ी भी नहीं एक बार
अस्त हो गया दीवारों के पार
पूरा परिवार
मुझसे इतना भय था !

यातना

समय के साथ-साथ बदलता है
यातना देने का तरीका
बदलता है आदमी को नष्ट कर देने का
रस्मो-रिवाज

बिना बेड़ियों के
बिना गैस चैम्बर में डाले हुए
बिना इलेक्ट्रिक शॉक के
बर्फ पर सुलाए बिना

बहुत ही शालीन ढंग से
किसी को यातना देनी हो
तो उसे खाने को सब कुछ दो
कपड़ा दो तेल दो साबुन दो
एक-एक चीज दो
और काट दो दुनिया से
अकेला बन्द कर दो बहुत बड़े मकान में
बन्द कर दो अकेला
और धीरे-धीरे वह नष्ट हो जाएगा
भीतर ही भीतर पानी की तेज धार
काट देगी सारी मिट्टी
और एक दिन वह तट
जहाँ कभी लगता था मेला
गिलहरी के बैठने-भर से
ढह जाएगा।

एक बार भी बोलती

मैंने उसे इतना डाँटा
गालियाँ दीं
दो तीन बार पीटा भी
फिर भी वह चुपचाप सारा काम करती गयी

मैंने उसे जब भी जो कहा
            किया उसने
जानते हुए भी बहुत बार कि यह गलत काम है
उसने वही किया जो मैंने कहा

पानी का गिलास हाथ में लेने से पहले
मैंने तीन बार दौड़ाया
                    गिलास गन्दा है
                    पानी में चींटी है
                    गिलास पूरा भरा नहीं है
और वह चुपचाप अपनी गलती मानकर
दौड़ती रही और जब मैं पानी पी चुका
धीरे से बोली—
            पानी अच्छा था ?

और मेरा गुस्सा बढ़ता गया
इससे ज्यादा कोई किसी को तंग भी नहीं कर सकता

आखिर वह पत्नी थी मेरी
और एक दिन सबके सामने, मेहमानों और घर के लोगों के सामने

मैंने उसे बुरी तरह डाँटा
फिर भी वह कुछ नहीं बोली रोयी भी नहीं

अभी भी मैं समझ नहीं पाया
कि वह कभी बोली क्यों नहीं
मरते वक्त भी वह कुछ नहीं बोली
आँखें बस एक बार डोलीं और...

वह कभी बोली क्यों नहीं
एक बार भी बोलती

एकालाप

नहीं, तय तो पहले से कुछ भी नहीं था
ऐसे ही झगड़ा हुआ था और उसने बीच बाजार में
जब मैं अपनी माँ के साथ तरकारी खरीद रहा था
उसने पीछे से आकर मेरा कालर पकड़ लिया
और दो हाथ मारकर भाग गया

मैं उसको खोज रहा था
तीन दिन तक मैं उसको चारों तरफ खोजता रहा
आँख पर वही नाच रहा था
जिधर जाता लगता वही किनारे से गुजरा
लेकिन चौथे दिन मुझको एक प्रेस में काम मिल गया
और मैं शाम को काम से वापस लौट रहा था
कि अचानक चौक से पच्छिम दाहिने,
गली में मुड़ता हुआ उसका कंधा
झलका
और मैं दौड़ा
और एक ही साँस में
रोड से गली में कूदा
और वह दोनों हाथ से माथा पकड़कर जमीन पर बैठ गया

मैं भागा
भागता गया

लाइन पार किया
मैदान पार किया

फिर सीधा सड़क धरे
हाथ में अभी भी छुरा था
छुरा नाले में फेंका
भागता गया और मौसी के घर पहुँचा
हाथ खून से तर था
हाथ धोया
कपड़ा फेंका
दूसरा कपड़ा पहना नहाया और वहाँ से बस से
चलकर मोकामा में रेल पकड़कर आसाम भाग गया
वहाँ कुछ दिन गिट्टी लादने का काम किया
फिर बोरा में बालू भरने का काम किया तीन रुपया रोज पर
वहीं बालू पर तम्बू में सोता
लेकिन मन बेचैन था
एक दिन क्या मन में आया
घर चला आया होली का दिन था,
दुश्मन तो लगे हुए थे,
और पकड़ा गया।
बारह साल बीत गये
एक जेल से दूसरे जेल में घूमते
अब तो बहुत से लोग पहचानेंगे भी नहीं
पटना तो बहुत बदल गया होगा
वहाँ कदमकुआँ में पाने की दूकान थी दोस्त की

सब कुछ खतम हो गया
हम भी कुछ हो सकते थे
बहुत कुछ हो सकते थे
जिसको जाना था वह तो गया ही
हम भी कौन लोक में रहे

सब कुछ खतम हो गया
माँ मर गयी भूख और गम से
छोटा भाई मेरी ही तरह आवारा हो गया
एक ही धोवन में झड़ गयी सारी माड़ी
दो साल और काटना है यहाँ
उसके बाद ?
अब कहाँ काम मिलेगा फिर ? कौन रक्खेगा हमको ?
आदमी धान का बिजड़ा तो नहीं
कि एक खेत से उखाड़ कर दूसरे में रोप दे कोई !

झड़ना था तो खेत में झड़ता
दाई माई चुन लेतीं
झड़ना था तो राह में झड़ता
चिड़िया चुरगुन चुन लेतीं
अब तो खंखड़ हूँ मैं केवल
दाना था सो घुन खा बैठे

हत्यारा

एक खून किया और जिन्दगी के सबसे कीमती वक्त
बारह साल जेल में गुजारे
गालियाँ सुनीं
हेड़ी बेड़ी खायी
खम्भे से बँधकर धूप में घण्टों चमड़ी सुखायी
जिसे बाप ने छोड़ा, बीबी ने दूसरी शादी की
और कभी कोई हाल भी पूछने न आया—
वह आज क्यों बेचैन है बाहर जाने के लिए,
जिन्दगी में आखिर अब बाकी क्या है ?

क्यों आज वह वोल्टमीटर के नीड्ल की तरह
धारा के छूने भर से डोल जाता है यहाँ से वहाँ
पूरे पैमाने पर उद्विग्न
            कहीं भी स्थिर न होता
            कहीं भी स्थिर न होता
            वापस लौटता वहीं
            पुनः उसी शून्य पर
धारा के अगले चाप के इन्तजार में नीड्ल की तरह

आखिर बाकी ही क्या है जीवन में
जानते हुए भी कि वहाँ डुबाऊ पानी है
पाँव बढ़ रहे हैं

अन्तिम सीढ़ियों के पार
बीच धार में

पहली बार वह कहाँ जाएगा बाहर निकलकर
घर ? उसके घर तो नहीं जिसकी उसने हत्या की थी ?
एक साथ सारा वायुमण्डल ठेलता
घुस जाएगा फेफड़ों में
सँभालना मुश्किल है जीवन का चाप

मैं देख रहा हूँ
वह हत्यारा बारह साल जेल में काटने के बाद
अभी इस वक्त जेल के आखिरी गेट पर खड़ा है
पास के इन्तजार में।

उम्मीद

आज तक मैं यह समझ नहीं पाया
कि हर साल बाढ़ में पड़ने के बाद भी
लोग दियारा छोड़कर कोई दूसरी जगह क्यों नहीं जाते ?

समुद्र में आता है तूफान
तटवर्त्ती सारी बस्तियों को पोंछता
वापस लौट जाता है
और दूसरे ही दिन तट पर फिर
बस जाते हैं गाँव–
क्यों नहीं चले जाते ये लोग कहीं और ?

हर साल पड़ता है मुआर
हरियरी की खोज में चलते हुए गौवों के खुर
धरती की फाँट में फँस-फँस जाते हैं
फिर भी कौन इन्तजार में आदमी
बैठा रहता है द्वार पर ?

कल भी आयेगी बाढ़
कल भी आयेगा तूफान
कल भी पड़ेगा अकाल

आज तक मैं समझ नहीं पाया

कि जब वृक्ष पर एक भी पत्ता नहीं होता
झड़ चुके होते हैं सारे पत्ते
तो सूर्य डूबते-डूबते
बहुत दूर से चीत्कार करता
पंख पटकता
लौटता है पक्षियों का एक दल
उसी ठूँठ वृक्ष के घोंसलों में
क्यों ? आज तक मैं समझ नहीं पाया।

झड़ना

झड़ते तो हैं सभी वृक्ष
झड़ना तो है ही सबको एक न एक दिन
लेकिन झड़ने का भी एक नहीं है नियम

कुछ वृक्ष अचानक बहुत तेजी से
छोड़ देते हैं सारे पत्ते
एक पत्ता टूटा नहीं कि सब झर पड़े
जैसे कि गुलाब का फूल हो कोई
एक पंखड़ी टूटी कि फूल बिखरा–
एक दिन में वृक्ष ठूँठ हो जाता है।

कुछ वृक्ष पूरा वक्त लेते हैं
एक-एक पत्ता गिरता है बारी-बारी
बूँद-बूँद

एक झड़ता है
एक उगता
एक ही डाल पर एक पुराना रुक्ष पत्ता
और सटे हुए एक नयी पत्ती जल भरी
जैसे बाबा के हाथ में पोते की हथेली

इस तरह वृक्ष पूरी तैयारी से झड़ता है

कभी भी न वह बिल्कुल नया होता है
न बिल्कुल पुराना
एक तरफ झड़ता
एक तरफ उगता
झड़ता और उगता साथ-साथ

झड़ते दोनों हैं
मगर ढंग है अपना-अपना।

हरा दस्ताना

शायद कभी गिरी थी बिजली इस पर
या कोई अज्ञात बीमारी खा गयी इसे
भीतर ही भीतर, गल गया सारा शरीर
रह गया कंकाल केवल ठूँठ
जीवन से बहिष्कृत सड़क किनारे

किन्तु आज मैं पहचान नहीं पाया
क्षण भर को हो गया दिशाभ्रम—
ठीक ठूँठ के आकार में लगी थी वहाँ
ल त्त रों की नि यॉ न सा इ न
      दूर से धधकती
पूरा का पूरा लत्तरों से लदा था वह ठूँठ

पहली लत्तर ने एक दिन मुँह उठाकर
लिया होगा मन, कुछ दूर बढ़ी होगी ऊपर
फिर तो लत्तरों का रेवड़ पूरा
                चढ़ा दनदनाते
और ठीक जैसे दस्ताना ढँक ले हथेली
वैसे ही ढाँप लिया ठूँठ वृक्ष को

अब तो वह ठूँठ हरा दस्ताना था
जीरो माइल पर रास्ता बताता।

मानुष गन्ध

कहीं कोई मीनार झुक रही है
नोनी लग रही है दीवारों में
भसक रही हैं ईंटें
अन्धड़ पानी में नष्ट हो रहे हैं
हजारों साल पुरानी सभ्यता के अन्तिम अवशेष—

किसी भाँड़े का टुकड़ा
कोई भित्तिचित्र
किसी यक्षिणी की मूर्ति :
प्रागैतिहासिक मनुष्य की गुफाओं की लकीरें
                    मद्धिम पड़ रही हैं
मिट्टी में मिल रही है एक
                    बहुत पुरानी कब्र

जो नया जीवन रच रहे हैं
जो उठा रहे हैं नयी भित्तियाँ
उनके ही जिम्मे है खंडहरों को बचाने का भार

ये खंडहर मनुष्यता के चरण चिह्न
            कटे बाँस की ठूँठ जड़ें
उगी है जिनसे आज की
            सबसे नयी कोंपल

इनकी एक-एक ईंट रहे जीवित
एक भी जंगली घास न उगे
चमगादड़ों उल्लुओं का अड्डा वहाँ न हो–
इन्हें कभी अपने हाथों गढ़ा था मनुष्य ने
कभी मनुष्य का वास था वहाँ
आज भी बाकी है वहाँ
मानुष गन्ध !

बुढ़ापा
(बादशाह खान के प्रति)

बुढ़ापे का मतलब है सुबह शाम
खुली हवा में टहलना बूलना
बुढ़ापे का मतलब ताजा सिंकी रोटियाँ
शोरबे में डबो डबो खाना
बुढ़ापा यानी पूरे दिन खाट पर
हुक्का गुड़गुड़ाना, आते जाते
किसी भी आदमी को रोक कर
खैरियत पूछना
बुढ़ापा यानी पूजा ध्यान और तसबीह के दाने
बुढ़ापा यानी पोते पोतियों को गोद में भरे
बैठना निश्चिन्त, परियों के किस्से सुनाना

अगर बुढ़ापे का मतलब बादशाह ख़ान भी है
बुढ़ापे का मतलब
खुली हवा के लिए
रोटी और शोरबे के लिए
दुनिया भर के पोते पोतियों के लिए
गिरफ्तारी जेल और पीठ पर कोड़े
जुल्म के खिलाफ़ लड़ने की उम्र कभी खत्म नहीं होती
उम्र दराज़ हो तुम्हारी चिनार देवदारु बादशाह ख़ान
न विवशता न थकान न स्यापा
हो, तो जिन्दगी की नोक हो बुढ़ापा

कथावाचक

हो कोई जो भरे हुँकारी
फिर तो कथा सुनाता जाऊँ
रात-रात भर
कभी न सोऊँ

चाह नहीं कुछ
गाँव नगर में घूम-घूम कर
कथा सुनाता जाऊँ
कहीं पेड़ के नीचे या ओटे पर
विद्यालय में
जहाँ कभी भी जुट जायँ दस लोग
वहीं पर चित्रकूट हो—
कहना सब को सब को लाना
बच्चे बूढ़े नारि सभी को
बीच-बीच में अर्थ
भी थोड़ा कर दूँगा मैं
हाँ हाँ बेटे...शंख बजेगा, आना

हारमोनियम लिये घूमता देस-देस मैं
कहीं अभी तक जम न सका हूँ
नहीं रही पहले जैसी उत्सुकता मन में
भक्तों के भी

बदला समय भाव भी बदले
एक जून भोजन भी भारी
भक्तों के घर
उत्तर कांड समाप्त
अचानक होगा कहीं
किसी अज्ञात गाँव में
कभी अचानक स्वर अँटकेगा कथा सुनाते
कहीं बीच से टूटेगी जीवन चौपाई
अर्थ शेष ही रह जाएगा।

धनतेरस

आज धनतेरस है
नये-नये बर्तन खरीदने का दिन
और आज ही हम अपने आखिरी बर्तन लिये
घूम रहे हैं दुकान-दुकान

आने का सवाल क्या
जो कुछ पास था सब जा रहा है

देखो वे कितनी बेरहमी से थकुच रहे हैं
हमारे पुराने बर्तन
और सजा रहे हैं एक पर एक
अपने नये बर्तन !

अमरफल

(1)

तोते का जुठाया अमरूद दो मुझे
जिसके भीतर की लामिला फूटती हो बाहर
गिलहरी के दाँतों के दागवाला जामुन दो काला
अन्धकार के रस से भरा हुआ
पक कर अपने ही उल्लास से फटता
एक फल दो शरीफे का
और रस के तेज वेग से जिस ईख के
फटे हों पोर
वह ईख दो मुझे
और खूब चौड़े थन वाली गाय का दूध
जिसके चलने भर से
छीमियों से झरता हो दूध

मुझे छप्पन व्यंजन नहीं
बस एक फल दो
सूर्य का लाल फल
अन्धकार का काला फल
जिसे बस एक बार काटूँ
और अमर हो जाऊँ
वही अमरफल !

(2)

सबसे अच्छे फल थे वे
जो ऋतु में आये
जब पौधा था
पूरे उठान पर

लेकिन सबसे अन्तिम फल ही
जो पड़े डाल पर ज्वाए
टेढ़े बाँगुर
अगली ऋतु के लिए सहेजे हमने
वही अमरफल !

मतलब

मैंने लाल दहकती हुई धमन भठ्ठी देखी
और लगा कोई बुला रहा है
जैसे कोई दिल खुल रहा हो मेरे लिए
फाँक-फाँक हो रहा हो सूर्य-सन्तरा

मैं जब भी चित्त
मैदान में लेटा
आसमान बड़ी आँख की तरह
खींचने लगा मुझे
            एकटक

और नदी के ठीक बीच में
जहाँ जल बिल्कुल स्थिर गाढ़ा था
लगा कोई गोद है वहाँ कोई वक्ष

और तारों भरा आकाश
काले पहाड़-सा जिसके रोम-रोम से फूटा हो
                    चमचम झरना

यह सब इतना सुन्दर क्यों है ?
आखिर क्या मतलब है इसका ?

सम्बन्ध

मैं बर्फ हो सकता हूँ
पानी और भाप हो सकता हूँ
लेकिन कीचड़ नहीं
कभी नहीं

मैं मेमना हो सकता हूँ
या साँड़
लेकिन दूर से ही गंध फेंकता बोक्का
नहीं

कभी दो बजे रात को आकर जगाऊँगा तुम्हें
उठो, चलो, बहुत तारे हैं बाहर
मकई के लावों की तरह
उठो, चलो, बहुत रोंयेदार हवा है बाहर
तो कभी ठीक दुपहर में
जब आँख पर चमकेगा सूर्य्य
मैं दरवाजा खटखटाऊँगा तुम्हारा

मैं लड़ने आया हूँ
अभी-अभी आयी है दिमाग में एक बात
दरवाजा खोलो मैं लड़ने आया हूँ

आखिर सबसे लड़ाई भी तो नहीं हो सकती।

हक

मेरे घर से सटा सरसों का खेत यह
मेरा नहीं

लेकिन रोज रात मेरी कोठरी में
आती है सरसों के फूलों की कौंधती गन्ध
एक ही वार में काटती मुझे

और रात भर मैं जगा रह जाता हूँ
छोटी-सी कोठरी गन्ध-भीड़-भरी

क्या थोड़ा भी हक नहीं मेरा इस खेत पर ?

मुझको मिल गयी है सारी सुगन्ध
दाना ले जाए भले खेत का मालिक...

थोड़ा भी हक नहीं ?

सखियाँ

माथे पर जल भरा गगरा लिये
ठमक गयी अचानक वह युवती

मुश्किल से गर्दन जरा-सा घुमायी
दायाँ तलवा पीछे उठाया
और सखी ने झुककर
                    खींचा रेंगनी काँट

और चल दीं फिर दोनों सखियाँ
माथे पर जल लिये।

दसमुख फूल

सहसा रक्खा पाँव जो तुमने
खुल पड़े
दसों दल
झर उठे पराग

आँगन में खिल रहा है मेरे
दसमुख फूल
कैसे आज बुहारूँ आँगन
पूरे आँगन पसर गयी है बेल
बार-बार बझती पाँवों में
लगता है अब चढ़ जाएगी
कन्धों पर छाती पर लत्तर

खिल रहा है तन की मिट्टी के
कण-कण में दसमुख फूल
खिल रहा है दसमुख फूल दसों दिशा में
दसों ओर से दसमुख फूल

नाच रही
छत्तीसगढ़ की नर्तकी वह
देह ही है कथा
देह ही है रूप

पूरा-पूरा वृक्ष खुलकर बना दसमुख फूल
किस सूर्य ने
किस पवन ने
किस नदी ने
आज खिलाया दसमुख फूल ?

महात्मा गाँधी सेतु और मजदूर

(1)

उन मजदूरों का कहीं कोई जिक्र नहीं आज
जो दुनिया के सबसे बड़े पुल को बनाते हुए
गंगा का ग्रास बने
पृथ्वी के एक खंड को दूसरे खंड से जोड़ते
विलीन हुए–
कितने ही घरों के पुल टुटे
इस पुल को बनाते हुए
पता नहीं कहाँ से आये थे वे
एक रोज लुप्त हो गये अचानक
उनके माँ बाप पत्नी बच्चे किसी को शायद
पता भी नहीं–
पत्थर डूबे तो आवाज होती है
आदमी इस दुनिया में बेआवाज डूब जाता है

इस बार भी होली में घर पर उनका इन्तजार होगा!

(2)

पुल बन गया
और देखते ही देखते उखड़ गया तम्बुओं का नगर
रह गयीं चूल्हों की ईंटें
मिट्टी और कालिख में लिपटीं

खूँटों के छेद यहाँ से वहाँ तक
कहाँ गये वे हजारों मजदूर?

आज जब यह पुल समर्पित हो रहा है राष्ट्र को
उन्हें, उन बहादुर मजदूरों को रहना था यहाँ
पहला कदम तो उन्हीं को रखना था इस पुल पर

कहाँ गये वे मजदूर ?

फिर किसी काम की तलाश में
फिर किसी ठीकेदार के बँगले पर !

एक यात्रा

छोटी लाइन के इस चकमकरंद हाल्ट पर रात में
जब चाँदनी में
आधा जगा आधा सोया है संसार
आधा जड़ आधा फूल है संसार
आकर बैठा है बगल के गाँव के मजदूरों का दल
गाड़ी के इन्तजार में

आते ही एक ने घुटने से ढोलक फँसायी
और कण्ठ खोल सब के सब
गाने लगे फाग एकतार
इतनी तेज टहक आवाज
आम्रवृक्षों को खोलती अन्दर से बाहर
मोजरों से भरती—
धुनती वसन्त की हवा-हवा

चमकी मोड़ पर
गाड़ी की तेज हेडलाइट
और उठे वे
ढोलक कन्धे में डाली
एक अँधेरे-से डब्बे में घुसे
और फिर फोड़ दिया राग

चलती गयी गाड़ी
सीता गया पूरे इलाके को मजदूरों के फाग का
पक्का डोरा
इस तरह मजदूरों ने पूरी की यात्रा।

नींद

धीरे-धीरे भारी हो रहा है
तुम्हारा शरीर
मेरी बाँह पर माथा तुम्हारा
          ढल रहा है

नींद का शरीर
     शीरे की तरह गाढ़ा
     शहद की तरह भारी
डूबता चला जाता है
जल में
     तल तक

नींद मनुष्य पर मनुष्य का
विश्वास है।

भेंड़ाघाट

पैसा फेंको
पैसा
पैसा फेंको
बहुत दूर फेंको   खूब दूर
मैं निकाल लूँगा   फेंको

एक लड़का भींगा खड़ा है नंगा
घाट से थोड़ा
          नीचे जल में

सैलानी हँसते हैं—और अन्दर चलो
और और अन्दर   वहाँ जहाँ नीली चट्टान है
हम रुपया फेंकेंगे   चलो

नाव के पीछे-पीछे वह तैरता आता है
तैरती आती है मानव-मछली
                    चारा चुगने

पानी बहुत गहरा है वहाँ
शायद घड़ियाल भी हैं इन्तजार में वहाँ।

आख़िर हर्ज ही क्या है

(बोहरा सम्प्रदाय के लिए एक कविता)

उन्होंने मुझे जातिनिकाला दे दिया है
और अब तुम मुझसे बोल नहीं सकतीं

तेज बुखार में मैं तपता रहूँगा
और मेरी माँ मेरा ललाट भी नहीं छू सकती
मैं सामने खड़ा रहूँगा
और मेरा बाप अपनी नजर झुका लेगा
नजदीकी से नजदीकी दोस्त भी अब
पुकारेगा नहीं मेरा नाम
सूखी रेत पर ही खड़ा खड़ा लौट जाऊँगा
कोई हलफा मेरे पाँवों से लिपटेगा नहीं
बस सुनूँगा दूर से अपने बच्चों के हँसने की आवाज

इसी शहर में रहोगी तुम रहूँगा मैं
और हम एक दूसरे को देख भी नहीं सकते
मरने के बाद चार हाथ जमीन भी मयस्सर नहीं
अपने पुरखों की अगल बगल
क्योंकि मैंने खोली है ज़बान जुल्म के खिलाफ
मैं बोला बहुत कुछ सैयदना के खिलाफ
और उसने मुझे जातिनिकाला दे दिया

तुम सबको वह जातिनिकाला दे देगा, डरती हो इसीलिए ?
इसीलिए मुझसे बोल नहीं सकतीं ?

लेकिन डर क्यों ? इतनी दहशत क्यों ?
आदमी कोई मशीन तो नहीं जिसे दूसरों के हाथ
चलाएँ या बन्द करें ?
आखिर हर्ज ही क्या है अगर
तुम
मेरी पत्नी मेरे बच्चे माँ बाप
दोस्त अहबाब सब सब के सब
निकल जाएँ बाहर
और बच जाए बस सैयदना अकेला ?

इसमें हर्ज ही क्या है ?

वार्त्ता वैष्णवन की

मैंने साँड़ों को देखा था लड़ते
देखा था मुर्गों को लड़ते
कटते-मरते
चूहों तक को पूँछ पटक कर
मूँछ झटक कर
भिड़ते देखा
लेकिन देखा आज सुबह जो
कभी न देखा
लड़ पड़ीं बकरियाँ उठा उठा कर अगली टाँगें
पीछे जातीं, आगे बढ़ बढ़ टकरातीं, फिर प्रबल वेग से
माथे को माथे पर ठोंका
टँगीं हवा में
पिछले खुर धरती पर टेके
बहुत देर तक रहा सोचता
आखिर कारण क्या है
सदा सर्वदा कातर भाव लिये जो डोलीं
करुणा की, दुर्बलता की, असहाय भाव की
जो प्रतिमा साक्षात्
उन्हें कुमति यह कहाँ से व्यापी ?

देखा चारों ओर तो जाकर
नजर टिकी छोटे बिरवे पर
कौन चरे बिरवे को पहले
यही विषय था इस विवाद का।

जुर्म

जब मेरा शरीर अस्सी घावों से पटा था
और मैं बहुत मुश्किल से
पाँव टेकता
खड़ा हो पाया था लाशों के बीच
दोस्तों के चेहरे पहचानता

वह आये
लाशों को लाँघते
इत्र लगाये
सफेद रूमाल से नाक दाबे
और कहा—तुम्हारी वर्दी का एक बटन
टूटा है
हाँ
मैंने माना
बहुत बड़ी चूक है यह
बहुत बड़ा जुर्म
लेकिन श्रीमान् अभी मुझे पानी चाहिए
कंठ भिगोने को थोड़ा सा पानी।

बोलना

जो आदमी दुख में है
वह बहुत बोलता है
बिना बात के बोलता है
वह कभी चुप स्थिर बैठ नहीं सकता
जरा-सी हवा लगते फेंकता लपट
बकता है लगातार
ईंट के भट्टे-सा धधकता

जो सुखी सम्पन्न है
सन्तुष्ट है
वह कम बोलता है
काम की बात बोलता है
जो जितना सुखी है उतना ही कम बोलता है
जो जितना ताकतवर है उतना ही कम
वह लगभग नहीं बोलता है
हाथ से इशारा करता है
ताकता है
और चुप्प रहता है

जिसके चलते चल रहा है युद्ध कट रहे हैं लोग
उसने कभी किसी बन्दूक की घोड़ी नहीं दाबी।

मौत

खूब साफ थी लौ कि अचानक
झुक गयी बत्ती
किसी को मालूम नहीं था—
धीरे धीरे गल रहा था मोम
धीरे धीरे जल रहा था सूत

मैं क्या कहूँगा जाकर बच्चे की माँ से
कैसे मैं सामने खड़ा हो पाऊँगा

दौड़ती चली जा रही थी गेंद खूब तेज
एक छोर से दूसरे छोर मैदान में कि अचानक
झाड़ी में छुप गयी

जिसका बेटा मर गया हो
उससे कोई क्या कहेगा जाकर

मैं तो यह भी नहीं कह सकता—ईश्वर की इच्छा है सब
उसी ने दिया था
उसी ने ले लिया

फिर भी मैं क्या कहूँगा जाकर ?

स्थिति

जो अग्नि देकर आया है उसे अकेला छोड़ना ठीक नहीं रात में
पता नहीं कब वह चौंक कर बैठ जाये, डर जाये--
राख हो जाने के बाद भी कुछ है जो जलता रहता है
गंगा में प्रवाह के बाद भी कुछ है जो बहता रह जाता है रक्त में–
कोई तो चाहिए जो सोये उसके पास आज रात

लेकिन सोयेगा कौन?
जो कहकर गये कि आते हैं थोड़ी ही देर में
वे अभी तक नहीं लौटे–
लोग खाकर हाथ मुँह धो रहे हैं
लोग मसहरियों के डंडे ठीक कर रहे हैं
किसी के माथे में दर्द है
किसी को कल के लिए सितार का रियाज करना है
सब को कुछ न कुछ काम पड़ गया है अचानक
कोई तैयार नहीं
कोई भी तैयार नहीं बैठने को उसके पास जो अग्नि देकर
आया है और सफेद मलमल में लिपटा
कोने में पड़ा है चुपचाप

जो जवान बेटे को फूँक कर आया है
उसे अकेला छोड़ना ठीक नहीं रात में।

ईद '82

वो जो कल रात-रात तक बैलूनों का पेड़ लिये बेचते फिरे
वो जो बाँसुरी पिपिहरी कंधे पर लादे गली-गली घूमे
वो बेवा का बेटा मोअज्जिन जिसकी अजान पर नमाजी
टोपियाँ सँभालते मस्जिदों को दौड़े
और वो खुश लड़कियाँ औरतें जिन्होंने देर रात तक
चूड़ियों की दूकानें गुलजार कीं, बहुत देर बुरका हटाए रहीं
और वो रिक्शा वाले जिन्होंने ईद की सेवइयाँ जुटाने में
रोजा भी छोड़ा–
सब को सब को ईद मुबारक
और उन्हीं के साथ उन्हें भी ईद मुबारक
जो लेबनान में बेघर हैं अब
बम गोलों के धुएँ में जिनको नहीं ईद का चाँद मयस्सर
कन्धों पर बन्दूक उठाए जंगल-जंगल घूम रहे जो
जो माताएँ बच्चों को सीने से साटे
रोटी के टुकड़ों की खातिर ताक रही हैं आसमान को
आज उन्हें भी ईद मुबारक

आज ईद की रात हजारों लोग
भूखे प्यासे बेघर होकर घूम रहे हैं
और समूचा अरब समूची दुनिया देख रही है
चाँद ईद का

चाँद कटा किसके हिस्से का ?
चाँद कटा किसके हिस्से का ?

किस-किसकी कुंडी खटकायें
सब दरवाजे बंद
सब दरवाजे बंद आज की रात
ईद की रात
कंधे से झोली लटकाये घूम रहा दरवेश शहर में
सब दरवाजे बंद।

जीत

‘इ’ ने सीना तानकर घोषणा की–
नेस्तनाबूद हो गया है ‘ई’
बस्तियों में एक बिल्ली भी बाकी नहीं
खाक हो गया है समूचा मुल्क

बस्तियों में रोने को एक बच्चा भी बाकी नहीं–
‘ई’ ने भी घोषणा की–
खाक हो गया है समूचा मुल्क
वो देखो जल रहा है ‘इ’ का आखिरी मकान

दोनों अपने-अपने वतन की राख पर खड़े थे हँसते
दोनों खुश थे
दोनों थे विजयी, विजयी प्रधान !

ऐसा क्यों हो रहा है

सामने सड़क पर एक औरत की इज्जत जा रही है
और लोग अपने-अपने ओटों पर खड़े हैं चुपचाप

ऐसा क्यों हो रहा है

बगल में एक आदमी का खून हो रहा है
और लोग अपने-अपने दरवाजे बन्द कर सुन रहे हैं चुपचाप

ऐसा क्यों हो रहा है

ऐसा क्यों हो रहा है कि
हजारों लोग लेबनान में काटे जा रहे हैं
और सारी दुनिया अपने-अपने हथियारों में
तेल डाल रही है चुपचाप

पेड़ को पत्थर बनने में लगा है हजार वर्ष
आदमी देखते-देखते पत्थर बन रहा है
ऐसा क्यों, आखिर क्यों हो रहा है
ऐसा क्यों हो रहा है ?

तुम चुप क्यों हो

क्या है गुप्त
क्या है व्यक्तिगत
जब गर्भ में बंद बच्चा भी
इतना खुला है
    इतना प्रत्यक्ष ?

कोई अपनी पत्नी को पीट रहा है बेतहाशा
कहता है—मेरी औरत है
कोई अपने नौकर की नन्हीं पीठ जूते से
हुमच रहा है,
कहता है—मेरा नौकर है
और कोई तानाशाह हजारों लोगों को
गोलियों से भून रहा है,
मुस्कुराता हुआ कहता है—मेरी जनता है !

कैसा समय कि छुट्टा साँड़
गौवों की नाँद में सींग मार रहा है
और कोई बोल नहीं सकता
कैसा समय कि खून के छींटों से भरा सफेद घोड़ा
गाँवों को रौंदता जा रहा है
और कोई रोक नहीं सकता

चुप क्यों है सारा महल्ला
चुप क्यों है सारी दुनिया
तुम चुप्प क्यों हो ?

जहाँ कहीं दुख में है आदमी
जहाँ कहीं मुक्ति के लिए लड़ता है आदमी
वहाँ कुछ भी नहीं है निजी
कुछ भी नहीं है गुप्त

फिर भी तुम चुप क्यों हो ?

उत्सव

देखो हत्यारों को मिलता राजपाट सम्मान
जिनके मुँह में कौर मांस का उनको मगही पान

प्राइवेट बंदूकों में अब है सरकारी गोली
गली-गली फगुआ गाती है हत्यारों की टोली
देखो घेरा बाँध खड़े हैं जमीन्दार के गुण्डे
उनके कंधे हाथ धरे नेता बनिया मुँछमुण्डे
गाँव-गाँव दौड़ाते घोड़े उड़ा रहे हैं धूर
नक्सल कह-कह काटे जाते संग्रामी मजदूर
दिन दुपहर चलती है गोली रात कहीं पर धावा
धधक रहा है प्रान्त समूचा ज्यों कुम्हार का आवा
हत्या-हत्या केवल हत्या—हत्या का ही राज
अघा गये जो मांस चबाते फेंक रहे हैं गाज

प्रजातन्त्र का महामहोत्सव छप्पन विध पकवान
जिनके मुँह में कौर मांस का उनको मगही पान।

जय हो जय हो सबकी जय हो

(पटने में पुलिस ने बाल-मेला लगाया)

आओ बच्चो, बाल दिवस के शुभ अवसर पर
पुलिस तुम्हें दिखलाने आयी खेल तमाशे,
देखो बच्चो–
देखो, निर्भय निःशंक, पुलिस के करतब देखो,
कितनी प्यारी पुलिस तुम्हारी, देखो बच्चो

ये देखो जासूसी कुत्ते, दौड़ रहे हैं किस फुर्ती से,
गजब चाल है, आँखें कितनी चमक रही हैं,
हाँफ रहे हैं जीभ निकाले, सूँघ रहे हैं हरी दूब को–
हरी दूब पर भी शक इनको   देखो बच्चो

दौड़े उमड़े चले आ रहे घोड़ों के दल के दल
काले भूरे चित्तकबरे, साँवले सजे सजीले
हवा सोख लेंगे नथुनों से सारी, ऐसे घोड़े
भीड़ हजारों की हो फिर भी, एक दौड़ में
मिट्टी के ढेले सा फोड़ें   देखो बच्चो

वो देखो बन्दूक चमकती भरी धूप में,
यह है वो बन्दूक कि जिसने एक रोज में सौ को भूना,
बेनट भी क्या पीछे उससे–
उसने भी कितनी देहों को किया है सूना

खतरा

जगे रहो
सोना नहीं है आज की रात
जलाए रहो लालटेन रात भर

मत सोचो कि पहरेदार आ गये हैं
और हाथ भर लम्बी टॉर्च लिये
घूम रहे हैं इधर-उधर फोकस मारते
उनका भरोसा नहीं आज इस रात

ठीक भोर में जब थोड़ा साफ जैसा लगे
हल्की हवा उठे
गरदन के रोंएँ सिहरें
और तुम लालटेन की लौ झुका जरा सा पीठ
सीधा करो
और अचानक झप जाए आँख
तभी वे घुसेंगे ठीक भोर में
और पोंछ देंगे सारा घर

चैत की भोर से ज्यादा खतरनाक कुछ भी नहीं
खतरा उससे है जो बिलकुल खतरनाक नहीं।

उल्टा जमाना

ऐसा जमाना आ गया है उल्टा
कि कोई तुम्हें रास्ता बतावे तो
शक करो
वह तुम्हें लूट सकता है सुनसान पाकर
कोई तुम्हें रात में सोने की जगह दे तो सोचो
तुम्हारा खून कर सकता है चुपचाप
और लाश आँगन में गाड़ देगा

दूकानदार यदि पीने को चाय दे
तो समझो कि ठगने की ताक में है
थानेदार कभी हँसते हुए कंधे पर हाथ दे
तो तै है किसी दफा में फँसने वाले हो

क्या करोगे, समय ऐसा है कि
कोई भलाई भी करे तो सोचना पड़ता है
खुश होने की बात नहीं
थोड़ा सोचने का काम है
तुम्हारे गाँव तक यह सरकार जो दो हफ्ते में
पक्की सड़क बनवा रही है
खुश मत होवो कि इस पर चलेंगी गाड़ियाँ
और तुम घण्टे आध घण्टे में शहर पहुँच जाओगे
और खाने के वक्त तक
वापस घर लौट आओगे
यह भी सोचो कि इसी से होकर
मिनट भर में पहुँचेगी सरकारी फौज
और तुम्हारा गाँव राख बन जाएगा।

वक्त

ऐसी ही वक्त आ गया है
जब माँ का बच्चे को दूध भी पिलाना
गुनाह है

वे हाथ में जाब लिये घूम रहे हैं चारों ओर
जहाँ कोई गाय रम्भाई
जहाँ किसी बछड़े ने दूब पर मुँह दिया
कि दौड़े हुए आए और धर लिया

बोलना गुनाह
खाँसना गुनाह
आँगन में औरतों का हँसना गुनाह

छुरा भाँजते गुंडे छुट्टा घूम रहे हैं
और अपने ही घर की चौखट पर
बैठा आदमी

मारा जा रहा है

सड़क पार करते
अचानक किसी बात पर हँसते
कहीं कभी कोई भी कत्ल हो जा सकता है

ऐसा ही वक्त आ गया है

ऐसा ही वक्त आ गया है
जब गुंडे बेला के फूलों की माला पहन
जै-जैकार करा रहे हैं
जब जहर-माहुर फल फूल रहे हैं
और फूलों की क्यारियों में जल नहीं...

रात के दो बजे

रात के दो बजे हैं

खाँसती जा रही है बच्ची
खाँसते-खाँसते उठ-उठ कर बैठती छिटकती
कौंधता है रह-रह कर छाती में दर्द
कभी माँ कभी बाप की तरफ उमड़ती घुमड़ती
गर्म तवे पर जल की बूँद सी
तड़प-तड़प कर नाच रही है बच्ची

दो तट थामे बाढ़
रात के दो बजे

रात के दो बजे हैं
सुख से सोया है संसार
और कोई रहड़-कटे खेत की खूँटियों पर
भागता जा रहा है—
चारों तरफ से घेरते आ रहे हत्यारे
हाथ में छुरा लिये

चमक रहा चाँद गिर रही ओस
रात के दो बजे, रात के।

एक दिन

आज का दिन बहुत खराब रहा
आज मैंने बहुत डरावना संसार देखा

रोज कितने आराम से
चलता चला जाता था दूर तक टहलता
आज क्या हुआ कि घने कुहासे में मेरे पाँव
एक बूढ़ी औरत की लाश में फँस गये
आज मैंने एक बाप को
मरा हुआ बच्चा बिना कफन के गंगा में फेंकते देखा
देखा दो लोग एक बाँस की फट्टी में बाँधे
टाँगे चले जा रहे हैं एक कुचला हुआ शव
दिन में कई-कई बार लाश ढोने वाली गाड़ियाँ देखीं
ठीक सड़क के किनारे मैदान में दूर तक देखीं
लाशों की कतारें जमीन पर पारी हुईं और सैकड़ों लोग
चेहरा पहचानते
तुरत-तुरत जन्मा एक नीला बच्चा देखा ट्रे में रखा हुआ
वह किसका बच्चा था याद नहीं
छोटी बड़ी कई कब्रें देखीं तुरत-तुरत भरी गयीं गीली
कई ताबूत काले कपड़े में लिपटे
मैंने जिन्दगी में पहली बार एक मरा हुआ हाथी देखा
लगातार मैं जहाँ कहीं बैठता या जोर से साँस लेता
जलते मांस की गंध सँड़सी की तरह

मेरी नाक में धुसी
एक अजीब आवाज रोने की आवाज दूर से
किसी सोहर की तरह
कई ढँकी दबी आवाजें पुआल के भारी बोझ की तरह

एक ही दिन में कितनी उम्र बढ़ गयी मेरी
अभी तो दिन बीता भी नहीं !

फिर भी

मैंने देखा साथियों को
हत्यारों की जै मनाते

मेरा घर नीलाम हुआ
और डाक बोलने आये अपने ही दोस्त

पहले जितना खुश तो नहीं हूँ मैं
न हथेलियों में वह गर्मजोशी
न ही आदमी में पहले सा भरोसा
उतनी उम्मीद भी नहीं है अब
हरापन भी पक कर स्याह पड़ गया है

फिर भी मैं जानता तो हूँ कि अभी-अभी
मारकोस मनीला से भागा
जहाँ तोप के मुँह में मुँह लगाए खड़ा रहा
पन्द्रह साल का एक लड़का
                    व्हिसिल बजाता
जानता तो हूँ कि बेबी डॉक
जल्दी-जल्दी जाँघिया पहनता
हवाई पट्टी पर दौड़ा
                    हाइती से बाहर
और जिन औरतों ने चौखट के पार कभी
                    पाँव नहीं डाला

उन्होंने घेर ली देश की संसद अचानक
इसीलिए उम्मीद है कि मेरा घर
                    मुझे मिलेगा वापस
उम्मीद है कि जनरल डायर जिन्दा नहीं बचेगा
अभी भी जालियाँवाला बाग में
अपने पति की लाश अगोरती बैठी है वो औरत
कि लोग सुबह तक आएँगे जरूर

नये दोस्त बनेंगे
नयी भित्ति उठेगी
जो आज अलग हैं
कल एक होंगे

पत्थर की नाभि में अभी भी कहीं
            जिन्दा है हरा रंग—
मुझे उम्मीद है फिर भी...

स्वगत

मैं इम्फाल नहीं जाऊँगा
मैं यहीं इसी शहर में मूँगफली बेचकर
जिन्दगी गुजार दूँगा
लेकिन अरुण मैं इम्फाल नहीं जाऊँगा

लेकिन अरुण मैं आसाम नहीं जाऊँगा
मैं यहीं इसी शहर में पत्नी और बच्चे के साथ
भीख माँगकर जिन्दगी गुजार दूँगा
लेकिन अरुण मैं आसाम नहीं जाऊँगा

मैं उत्तर जाऊँगा
दक्षिण जाऊँगा
मैं पश्चिम जाऊँगा
लेकिन अरुण मैं पूरब नहीं जाऊँगा
वे मार देंगे
वे मेरी पत्नी मेरे बच्चे को कतल कर देंगे

कमल, सुनो कमल, इतना भावुक मत बनो कमल
कहीं तो जाओगे
कहीं तो रोजी खोजोगे कमल
जरा सोचो कमल, तुम मेरे ही बारे में सोचो
सोचो मैं इम्फाल गया

और लोगों ने कहा, तुम बाहरी हो
फिर मैं दिल्ली आया
और दिल्ली ने कहा तुम बाहरी हो
तब मैं अपने पटना आया
और पटना वालों ने कहा तुम यहाँ पैदा भी नहीं हुए
तुम्हारा यहाँ अपना मकान भी तो नहीं है
कहाँ जाऊँगा फिर ? फिर मैं कहाँ जाऊँगा ?
इसका तो कहीं कोई अन्त नहीं
न मेरा कोई घर है न कहीं कोई जमीन
जब जहाँ खड़ा हूँ वही मेरा घर वही मेरी धरती है

उस समय

कहाँ जायेंगे वे लोग
जिनका कहीं कोई घर नहीं
कहीं कुछ भी स्थिर नहीं
जहाँ कहीं जल मिले थोड़ी-सी मिट्टी
उग जायें वहीं–
कहाँ जायेंगे वे लोग जिन्हें चाहिए पूरी पृथ्वी ?

इक्कीसवीं शताब्दी की ओर

हर नदी का घाट श्मशान
हर बगीचा कब्रिस्तान
बन रहा है
और हम इक्कीसवीं शताब्दी की ओर जा रहे हैं

पहली बार गर्भ धारती युवतियों के गर्भ गिर रहे हैं
माताएँ मरे बच्चों को जन्म दे रही हैं
और हिजड़े चौराहों पर थपड़ी बजाते
सोहर गा रहे हैं
हम इक्कीसवीं शताब्दी की ओर जा रहे हैं

चढ़ा है नीलाम पर देश
एक-एक चौखट किवाड़ पालना
चढ़ा है नीलाम पर
आ रहे हैं डाक बोलने अमरीकी फ्रांसीसी इतालवी
अंग्रेज व्यापारी
घर का फूटा हुआ दिन भी वे लादेंगे जहाज पर
आ रही है कब्र की मिट्टी झाड़ती ईस्ट इण्डिया कम्पनी
डलहौजी के घोड़ों की टाप है रोड पर
टाप कनपट्टी पर
और मेरा चेहरा फूटा हुआ ढेला कम्पूटर का दाना
अपने ही घर में किरायेदार हम

जा रहे हैं इक्कीसवीं शताब्दी की ओर

भूखे नंगे
जलन्धर सूरत अलीगढ़ भोपाल हैदराबाद होते
गड्ढों में जमा आदमी के खून से हाथ-मुँह धोते
ढहे मकानों की छाँह में ठंढाते
अनाथ बच्चों विधवाओं भिखमंगों के साथ उठ-पठ हम
शरणार्थी भविष्य के
इक्कीसवीं शताब्दी की ओर जा रहे हैं
सूर्य उगता है
सूर्य डूबता है
काल का घट बूँद-बूँद भरता है
ओ बन्दो, एक-एक पल हम तुम मौत की ओर जा रहे हैं
ओ अण्डे सेते पक्षियो
ओ एक दूसरे में रसियों से गुँथे-बँटे मर्द-औरतो
रोनाल्ड रीगन ने अभी-अभी मारी है
मौत की चिट्ठियों पर मुहर
मचा है जीवन और मृत्यु का द्वन्द्व—
आज अभी सृष्टि की इस आखिरी रात
तुम स्वीकार करोगी अपने गर्भ में
जीवन का अर्घ्य ?
जो समय से परे हैं
जो देश काल से परे
जो अजर-अमर हैं
कहते हैं—उठो और चलो
सूर्य के रथ के आठवें घोड़े हो तुम—
कुल दस डग है इक्कीसवीं शताब्दी
चलो, इक्कीसवीं शताब्दी की ओर

हाँ, हम चलेंगे
नील पद्म शंख महाशंख शताब्दियाँ पार करते

बच्चों को कन्धों पर बिठाए सारी पृथ्वी समूचे ब्रह्मांड में टहलेंगे
हम चलेंगे उधर
जिधर सृष्टि का पहला पानी अभी तक इन्तज़ार कर रहा है
छाले पड़े पाँवों का
और कुछ लोग यहीं रह जायेंगे
यहीं बीसवीं शताब्दी के आखिरी अड्डे पर
किसी बस के इन्तजार में
और हम खोलेंगे अँधेरे का ताला।

छोटी दुनिया

जब साथ रहते हैं तो
दूसरे के घर का धुआँ
और दूसरे के घर की अगरबत्ती की गन्ध
दोनों ही आएँगी आपके घर में
कभी दूसरे के आँगन का केला
अपना एक पत्ता आपके आँगन में डाल देगा
तो कभी पड़ोस की बिल्ली
रसोई में रखा दूध चट कर जाएगी

ऐसा ही होगा इस भीड़ भरे इलाके में
जहाँ इतनी दिक्कत से मिलता है एक कमरा
आपकी कोठरी दूसरे की कोठरी से सटी
आपकी पीठ दूसरे की पीठ से सटी—
अगर बगल में कोई कुर्सी खिसकाये
दीवार में काँटी ठोंके
यहाँ तक कि करवट भी बदले
तो लगेगा यह आपके ही कमरे में हो रहा है

ऐसा ही हो गया अब
ऐसी ही हो गयी है दुनिया
कि यदि अल-सल्वादेर में लड़ता हुआ कोई गुरिल्ला खेत आये
तो अपना ही घर सूना लगेगा

कौड़ियों-सी सफेद आँखों से देखता है मुझको
गर्दन जरा-सा घुमाता—
कितनी ही सभ्यताओं की हार जीत का पासा
मुझे कोई रोकता है
और एक युवती अबरख खान की तरह अँधेरी
और कौंधती
पूछती है मुझसे—
कैसी है यह लट ?
और कहीं से खूब पानी वाले खेतों की गन्ध
मेरे नथुनों में उतरी
× × ×
मैं बढ़ता गया बढ़ता गया
इतनी सगी थी वह मिट्टी रोओं में भौंहों में घुल मिल जाती
हवा में इतना अपनापन कि फेफड़ों को जरा भी अनजान न लगे

मैं बढ़ता गया बढ़ता गया
सामने दादा वृक्ष था बाउ-बाउ
उसने मुझे पत्तों के झाल बजाकर रोका—
कहना बरगद से मेरा नमस्ते
हम सहोदर भाई हैं धरती के ज्येष्ठ पुत्र
× × ×
ढोल और ताशे की गड़गड़ाहट
टूटती जंजीरें
चट्टान और बादल शरीर में अंधड़
नाच रहे थे बच्चे बूढ़े

एक बच्चा फुदकता हुआ आया मेरे पास
और छोटी हथेली मेरे हाथ में डाल दी
और उस सलोने चेहरे में
लुमुम्बा मंडेला के चेहरों की प्रतिध्वनि
और वह मजदूर कन्धे पर फावड़ा लिये

कितने इत्मीनान से चला जा रहा है अपनी धरती—
अपने ही घर में यह पहला गृह-प्रवेश

× × ×

कहीं ईंटों का अम्बार
कहीं भीगे बालू का ढेर, लोहा लक्कड़
बन रहा है पूरा अफ्रीका
अफ्रीका—पृथ्वी का नवीनतम निर्माण-स्थल
अफ्रीका—सृष्टि का अनकटा हीरा
बन रहे हैं धरती पर जो नये घर नये मुहल्ले
मैं उन्हीं का माली
        एक हाथ में खुरपी
        एक में पानी का डोल लिये
सारी नदियों का जल लिये

ओइये ओइये ! ओइये ! ओइये ओइये ! जिन्दाबाद !

दुःस्वप्न

(न्यूट्रान बम के बाद)

[न्यूट्रान बम गिरने पर सारे जीव नष्ट हो जाएँगे। लेकिन निर्जीव सुरक्षित बचेंगे।]

कोई आवाज नहीं
कहीं कोई नजर नहीं आता
आधा दिन बीत गया
कहीं कोई चिड़िया का पूत नहीं

बहुत भूख लग गयी है
अब कुछ खाने को चाहिए
सैकड़ों साल से चलता आ रहा हूँ
इसी तरह नंगे पाँव
    हाथ में कुदाल लिये
    कन्धे पर जाल डाले
    कालिख-पसीने से लथपथ
कीचड़ में पानी में तपते रेत में
चलता-चलता आज कहाँ आ गया हूँ

चिड़ियों और अंडों से भरा एक घोंसला गिरा है सड़क किनारे
एक गिलहरी पड़ी है बीच राह पर
सब पेड़ झुलसे हुए
            अजीब सन्नाटा है

कैसी दुनिया है यह
मैं कहाँ चला आया हूँ
आँख पर तेज धूप पड़ रही है

कौन रहता है यहाँ इस आलीशान मकान में
इतना बड़ा आलीशान मकान
परदे उड़ रहे हैं हवा में
पर कहीं कोई नजर नहीं आता
मेरी पदचाप से सोया हुआ कुत्ता हिला भी नहीं
मैंने घण्टी दबायी

और अचानक बहुत तीखी आवाज हुई
लेकिन कोई भी बाहर नहीं आया
दरवाजा खुला हुआ खिड़कियाँ खुली हुईं
इतना बड़ा आलीशान मकान—
आखिर थककर मैंने परदा उठाया

एक बच्चा पालने में पड़ा है चुपचाप
एक औरत पलंग पर औंधे मुँह लेटी
एक बूढ़ा बीच आँगन में
एक और आदमी दरवाजे के पास
एक बच्चा
एक बच्चा सोफे पर गाँठ की तरह उमेठा हुआ
और डाइनिंग टेबुल पर सजी हैं थालियाँ
तेज पंखा चल रहा है

कहीं कोई आवाज नहीं
सिर्फ नाली में पानी बहने की आवाज
सारी दुनिया खाल में भूसा भरे बछड़े की तरह

मुझे चाहिए हरी भरी दुनिया

घने पेड़ों के चलते अँधेरा हुआ रास्ता
बच्चों की दौड़ से हिलता हुआ घर
और अपनी माँ के थनों को हुमकता
गाज भरे मुँह वाला
उजला बछड़ा

कहाँ ले आये हो मुझको कोलम्बस
मैं कहाँ चला आया हूँ?

पसन्द

इसमें उन जगहों का क्या कसूर
फिर भी मुझे ऐसी जगहें पसन्द नहीं
जहाँ से होकर बसें गाड़ियाँ आयें-जायें केवल
कभी रुकें नहीं
या रुकें भी तो पानी के वास्ते
या इंजिन ठंढाने को
चाय की दूकान के आगे

दिन भर धूल, सड़क पर इत्मीनान से चलना भी मुश्किल
हमेशा जान का डर, हमेशा पीछे से कुछ आ रहा है
इसका आतंक
रात में भी चैन नहीं, दहलते रहें गाड़ियों के वेग से घर
यहाँ इस जगह केवल आवाजाही है, लगातार गति है शोर है
दिशा और मंजिल नहीं

मुझे ऐसी जगहें पसन्द हैं जहाँ से शुरू होती है यात्रा
किसी गन्तव्य के लिए
जहाँ से बनती है बस और रोड पर आकर लगती है
यात्राओं के लिए
ऐसी जगहें पसन्द हैं मुझे जहाँ आकर खत्म होती है यात्रा
जहाँ पहुँचकर धूल से भरी हुई बसों के ड्राइवर
पीठ सीधा करते हैं

और खाली बस
फिर से यात्रा पर चलने को मुड़ती है
कहीं शुरू तो कहीं खतम भी हो सफर
चलना बस चलना पसन्द नहीं मुझको
कोई दिशा कोई मंजिल हो सामने जरूर
जो आता जाये लगातार पास
कुछ छटता जाय पीछे दूर।

•••